Impressum
Verlag: BABADADA GmbH, Nedderfeld 112 , 22529 Hamburg
Geschäftsführer / Verlagsleitung: Harald Hof
Druck: Books on Demand GmbH, In de Tarpen 42, 22848 Norderstedt

Imprint
Publisher: BABADADA GmbH, Nedderfeld 112 , 22529 Hamburg, Germany
Managing Director / Publishing direction: Harald Hof
Print: Books on Demand GmbH, In de Tarpen 42, 22848 Norderstedt

shule

duɗal

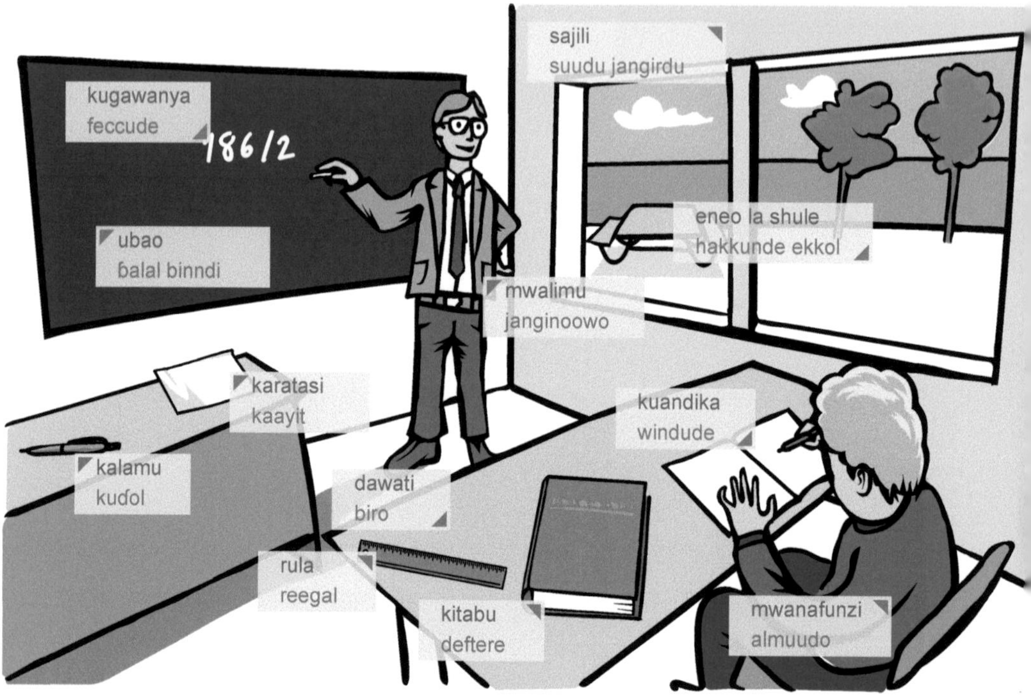
sajili
suudu jangirdu
kugawanya
feccude
186/2
ubao
ɓalal binndi
eneo la shule
hakkunde ekkol
mwalimu
janginoowo
karatasi
kaayit
kuandika
windude
kalamu
kuɗol
dawati
biro
rula
reegal
kitabu
deftere
mwanafunzi
almuudo

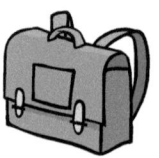

mkoba

kartaabal

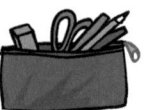

kikasha cha penseli

moftirdo kereyonji

penseli

kereyo

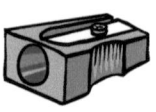

kichonga penseli

ceeɓnirgel kereyon

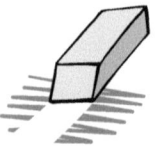

mpira

momtirgel

pedi ya kuchora

alluwal ciifirgal

uchoraji

ciifgol

brashi ya rangi

limsere pentirteeɗo

sanduku la rangi

suwo pentirɗo

mkasi

sisooji

gundi

ɗakkorgal

daftari

deftere ekkorgal

kazi ya nyumbani

golle janŋde

nambari

niimara

jumlisha

ɓeydude

ondoa

ustude

zidisha

ɓeydude keeweendi

kokotoa

qimaade

barua

bataake

alfabeti

karfeeje

neno

kongol

maandishi
bindol

kusoma
jangude

chaki
bindirgal

somo
darsu

sajili
winditaade

uchunguzi
egsame

cheti
sartifika

sare za shule
comcol duɗal

elimu
janŋde

elezo
ansikolopedi

chuo kikuu
duɗal jaaɓi haɗtirde

darubini
mikoroskop

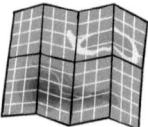

ramani
kartal

kikapu cha kuweka karatasi chafu
suwo kurjut

hoteli
otel

hosteli
obers

ROOMS

ofisi ya ubadilishanaji
nokku beccugol e neldugol

EXCHANGE

sanduku
waxannde

gari
oto

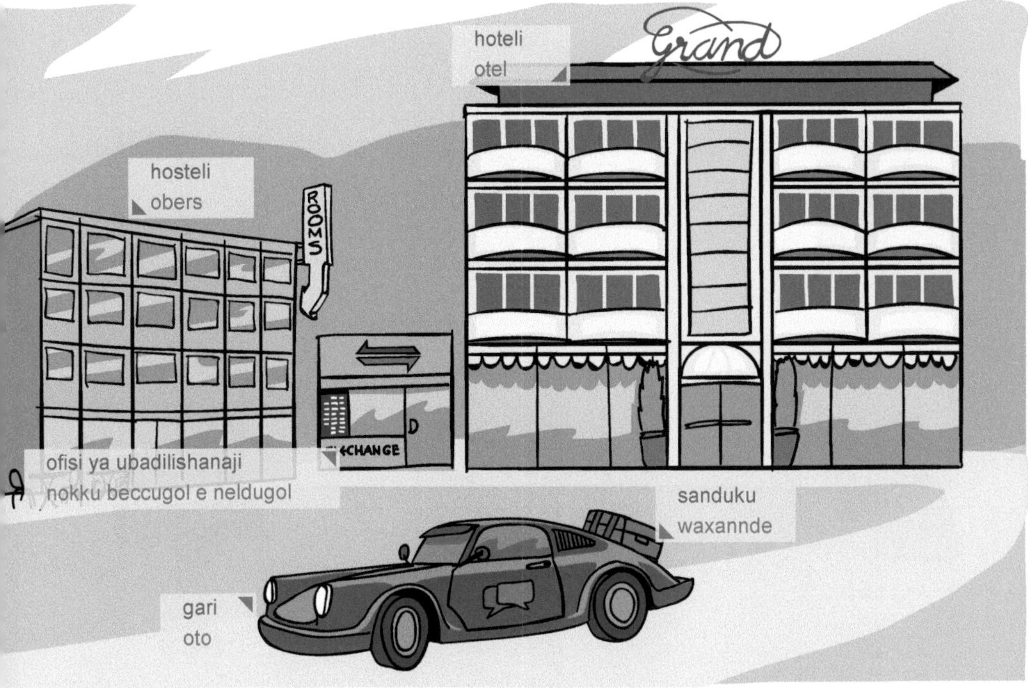

lugha

demngal

ndiyo / la

Eey / ala

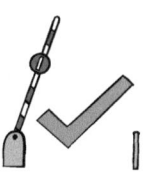

sawa

Moyƴi

hujambo

mbadda

mtafsiri

pirtoowo

Asante

A jaraama

kiasi gani ni ...?

no foti...?

Sielewi

Mi faamaani

tatizo

hanmi

Jioni njema!

Jam hiri!

Habari za asubuhi!

Jam waali!

Usiku mwema!

Mbaalen e jam!

kwa heri

ñande woɗnde

mwelekeo

laawol

mizigo

bagaas

mfuko

saawdu

shanta

saawdu wambateendu

mgeni

koɗo

chumba

suudu

begi la kulalia

njegenaaw

hema

caalel ladde

taarifa ya utalii
kabaruuji tuurist

ufuo
tufnde

kadi
kartal banke

kifunguakinywa
kacitaari

chakula cha mchana
bottaari

chakula cha jioni
hiraande

tiketi
biye

kuinua
suutde

muhuri
tampon

mpaka
keerol

mila
duwaan

ubalozi
ambasad

visa
wiisa

pasipoti
paaspoor

usafiri
taraspoor

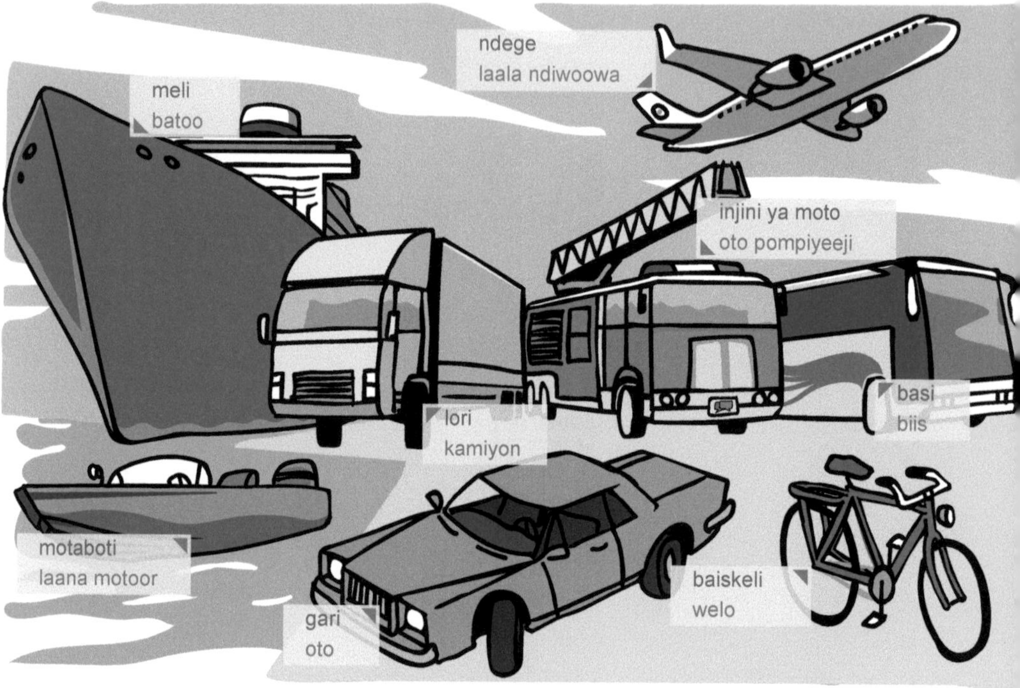
ndege
laala ndiwoowa
meli
batoo
injini ya moto
oto pompiyeeji
basi
biis
lori
kamiyon
motaboti
laana motoor
baiskeli
welo
gari
oto

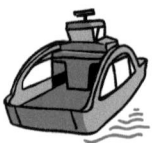

feri

batoo

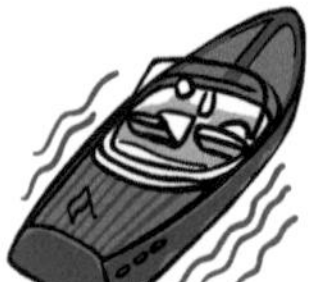

mashua

laana

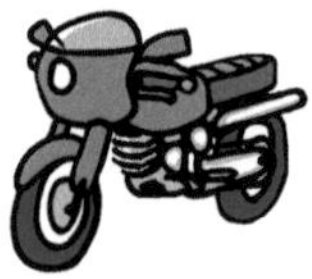

pikipiki

welo

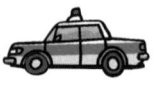

gari la polisi

oto polis

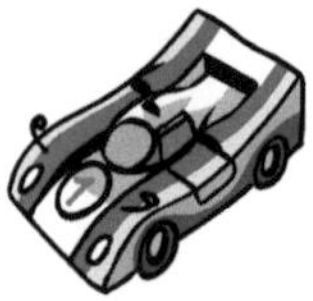

gari la mashindano

oto dogirteeɗo

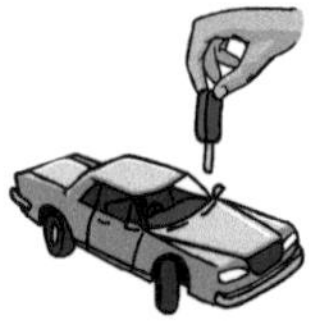

gari la kukodisha

oto luwateeɗo

kushiriki gari

dendugol oto

lori la kuvuta

oto dandoowo goɗɗo

ukusanyaji taka

oto kurjut

motor

motoor

mafuta

karbiran

kituo cha mafuta

nokku esaans

ishara trafiki

tintinooje yaangarta

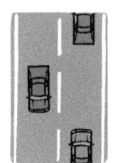

trafiki

yaa ngarta

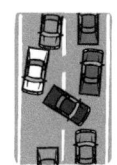

msongamano

jiiɓo yaa ngarta

maegesho

dingiral otooji

kituo cha treni

dingiral laana leydi

reli

laaɓi

garimoshi

laana leydi

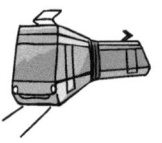

tremu

laana ndegoowa

gari la mizigo

saret

helikopta

elikopteer

uwanja wa ndege

ayrepoor

mnara

tuur

abiria

wonɓe e laana

chombo

konteneer

katoni

karton

mkokoteni

duñirgel kaake

kikapu

basket

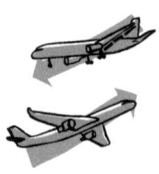

ondoka

diwde / juuraade

jiji

wuro mowngu

kijiji

wuro

katikati ya jiji

hakkunde wuru wowngo

nyumba

galle

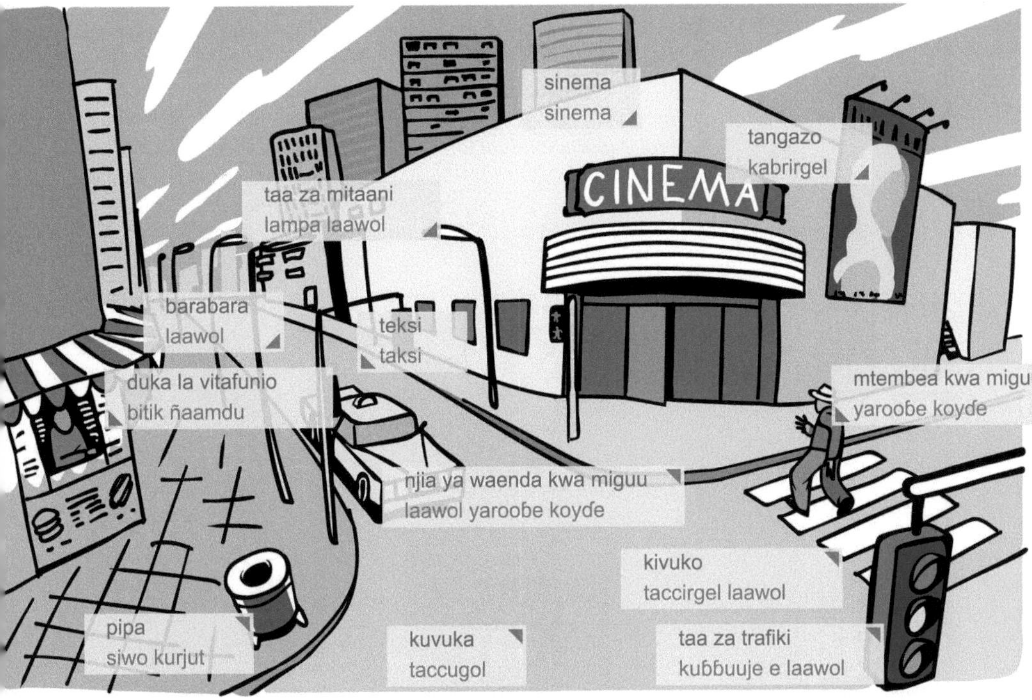

sinema
sinema

tangazo
kabrirgel

taa za mitaani
lampa laawol

CINEMA

barabara
laawol

teksi
taksi

mtembea kwa miguu
yaroobe koyɗe

duka la vitafunio
bitik ñaamdu

njia ya waenda kwa miguu
laawol yaroobe koyɗe

kivuko
taccirgel laawol

pipa
siwo kurjut

kuvuka
taccugol

taa za trafiki
kubɓuuje e laawol

kibanda

tiba

gorofa

ko foti

kituo cha treni

dingiral laana leydi

ukumbi wa mji

meeri

Makavazi

miise

shule

duɗal

chuo kikuu

duɗal jaabi haɗtirde

benki

banke

hospitali

suudu safirdu

hoteli

otel

duka la dawa

farmasi

ofisi

gollirgal

duka la kitabu

suudu defte

duka

bitik

duka la maua

jeyoowo fuloraaji

dukakuu

sipermarse

soko

jeere

idara ya kuhifadhi

madase mawɗo

mwuza samaki

jeyoowo lidɗi

kituo cha ununuzi

nokku coodateeɗo

bandari

poor

Hifadhi

park

benki

jooɗorgal

daraja

taccirgal

vidato

ŋabbirɗe

chini ya ardhi

laawol metero

handaki

laawul les leydi

kituo cha mabasi

fongo biis

bar

baar

mgahawa

restora

sanduku la posta

buwaat postaal

ishara ya barabara

lewñowel laawol

mita ya maegesho

to otooji ndaroto

bustani ya wanyama

nokku kullon

kidimbwi cha kuogelea

pisin

msikiti

jama

shamba
ngesa

uchafuzi
gakkingol hendu

makaburini
bammule

kanisa
egiliis

uwanja wa michezo
dingiral

hekalu
tampl

mazingira
yiyande taariinde

jani
baramlefol

ishara ya mwelekeo
tugayal tintinirgal

njia
laawol

malisho
Huɗo sukkuko

jiwe
haayre

mtembeaji wa masafa
ŋayloowo

mti
lekki

mto
maayo

nyasi
huɗo

ua
fuloor

bonde
....
nokku kaañe mawɗe to
ndiyam dogata

kilima
....
waande

ziwa
....
weedu

msitu
....
ladde

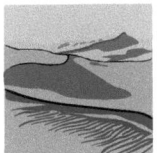

jangwa
....
ladde yoornde

volkano
....
wolkan

ngome
....
satoo

upinde wa mvua
....
timtimol

uyoga
....
sampiñon

mtende
....
leki palm

mbu
....
ɓowngu

kuruka
....
diwde

chungu
....
njabala

nyuki
....
mbuubu ñaak

buibui
....
njabala

mende

hoowoyre keppoore

chura

faabru

kuchakuro

doomburu ladde

nungunungu

sammunde

sungura

fowru

bundi

pubbuɓal

ndege

colel

swan

kakeleewal ladde

nguruwe mwitu

mbabba tugal

kulungu

lella

aina ya kongoni

Nagge nde gallaɗi cate

bwawa

baraas

tabo ya upepo

masiŋel battowel hendu jeynge

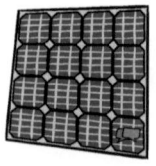

nishaji ya jua

Lowowel nguleeki

hali ya hewa

kilima

mgahawa
restora

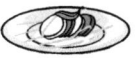

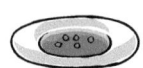

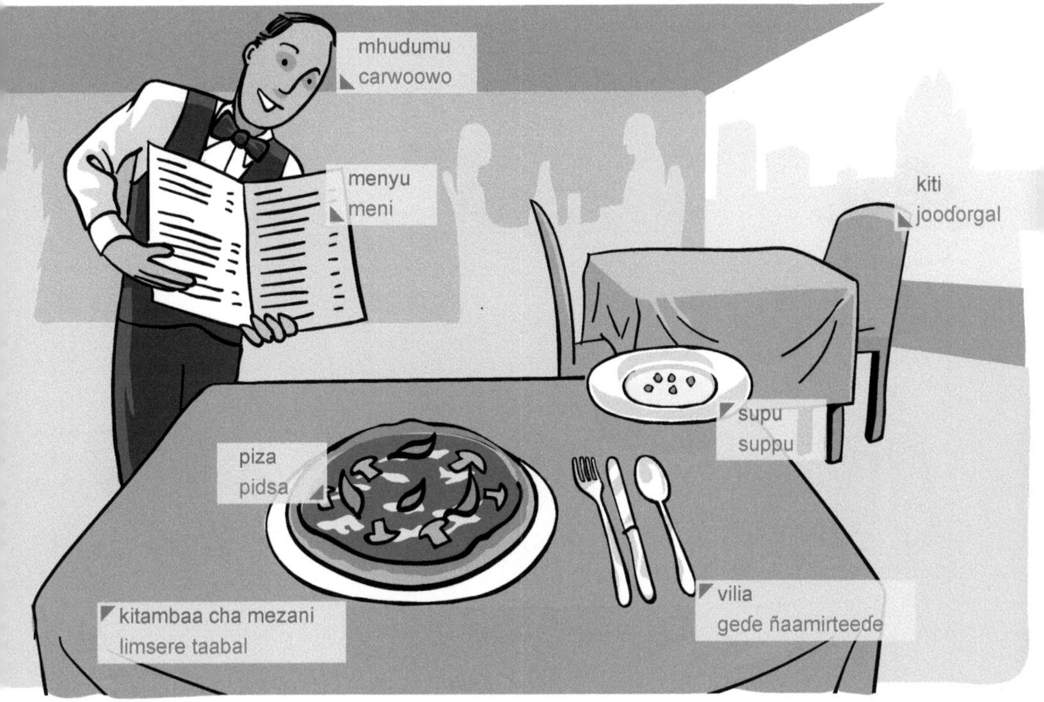
mhudumu
carwoowo
menyu
meni
kiti
joodorgal
supu
suppu
piza
pidsa
vilia
geɗe ñaamirteeɗe
kitambaa cha mezani
limsere taabal

kiamsha hamu

tongitirgel

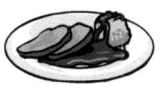

kozi kuu

ñaamdu nguraandi

kitindamlo

tuftorogol

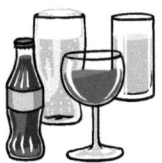

vinywaji

njaram

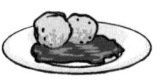

chakula

ñaamdu

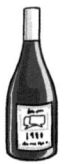

chupa

butel

chakula cha haraka

fast fud

Streetfood

ñaamdu laawol

buli

baraade

kisanduku cha sukari

cupayel suukara

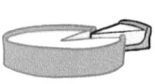

sehemu

geɗel

mashine ya espresso

Masinŋ kafe

kiti kirefu

jooɗorgal toowngal

muswada

biye

trei

ñorgo

kisu

paaka

uma

furset

kijiko

kuddu

kijiko cha chai

nokkere kuddu

nepi

sarbet

glasi

weer

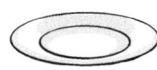

sahani

palaat

sahani ya supu

palaat suppu

sufuria

cupayel

mchuzi

soos

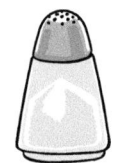

kichanyaji chumvi

pot lamđam

kinu cha pilipili

moññirgal poobar

siki

bineegara

mafuta

nebam

viungo

kaađnooje

kechapu

ketsap

haradali

muttard

kachumbari nzito

mayonees

dukakuu
sipermarse

ofa maalum
ngustugul coggu
FOR
mteja
kiliyaan
maziwa
kosameeje
matunda
ɓikkon leɗɗe
toroli
daasirgel

BUTCHERS

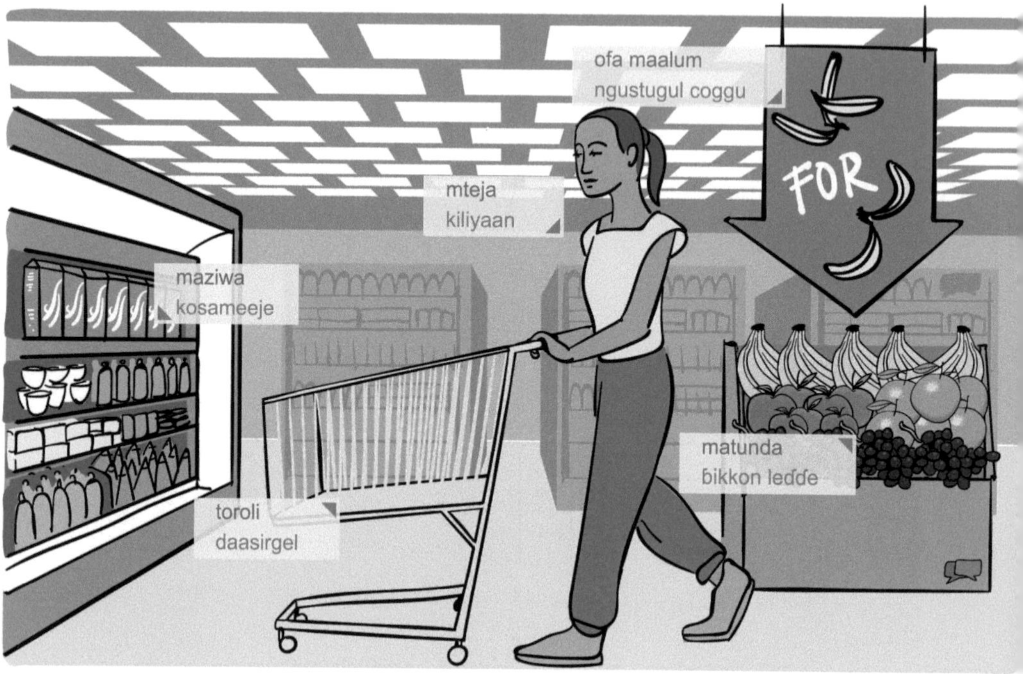

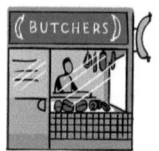

mchinjaji

jeyoowo teew nagge

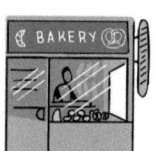

BAKERY

mwokaji

juɗoowo mburu

uzito

ɓetde

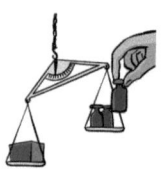

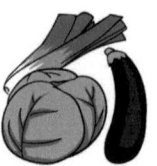

mboga

lijim

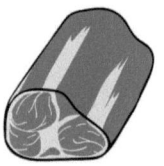

nyama

teew

chakula waliohifadhiwa

ñaamdu ɓumnaandu

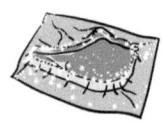

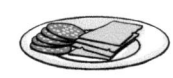

vipande vya nyama baridi

teew moftaaɗo

chakula cha kopo

ñaamdu nder buwat

sabuni ya unga

condi lawyirteendu

pipi

bonboonji

bidhaa za kaya

geɗe ngurdaaɗe

bidhaa za kusafisha

porodiwiiji laaɓnirni

mtu mauzo

julaaajo

mpaka

haa

keshia

kestotooɗo

orodha ya manunuzi

limto coodateeɗi

masaa ya ufunguzi

waktuuji golle

mkoba

kalbe

kadi

kartal banke

mfuko

saak

mfuko wa plastiki

saak dalli

maji

ndiyam

sharubati

njaram

maziwa

kosam

coke

ɣulmere

mvinyo

sangara

bia

sangara

pombe

sangara

kakao

kakao

chai

ataaya

kahawa

kafe

spreso

kafe jon jooni

kapuchino

kafe italinaaɓe

ndizi

banaana

tufaha

pom

machungwa

oraas

tikiti

dende

lemon

limonŋ

karoti

karot

kitunguu saumu

laay

mianzi

lekki bambu

kitunguu

basalle

uyoga

sampiñon

karanga

gerte

nudo

espageti

spageti

espageti

mpunga

maaro

saladi

salaat

vibanzi

firit

viazi vya kukaanga

faatat cahaaɗo

piza

pidsa

hambaga

amburgeer

sandwichi

sandiwis

kipande

buhal baddangal e lijim

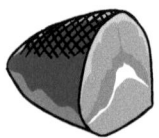

paja la mnyama

buhal teew

salami

kaane biyeteeɗo sosison

soseji

sosis

kuku

gertogal

choma

defaɗum

samaki

liingu

oats ya uji

ndefu gabbe kuwakeer

muesli

njilɓundi aɓuwaan e gabbe goɗɗe

cornflakes

kornfelek

unga

farin

kroisanti

kurwasa

andazi

pe o le

mkate

mburu

mkate wa kubanika

mburu juɗaaɗo

biskuti

mbiskit

siagi

nebam boor

maziwa mgando

kosam kaaɗɗam

keki

gato

yai

boccoonde

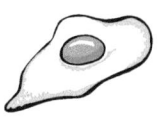

yai kukaanga

moccoonde fasnaande

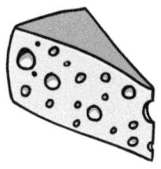

jibini

foromaas

aiskrimu

kerem galaas

sukari

suukara

asali

njuumri

jemu

teew nagge

kuenea kwa chokoleti

nirkugol sokkola

mchuzi wa viungo

suppu kaane

shamba
ngesa

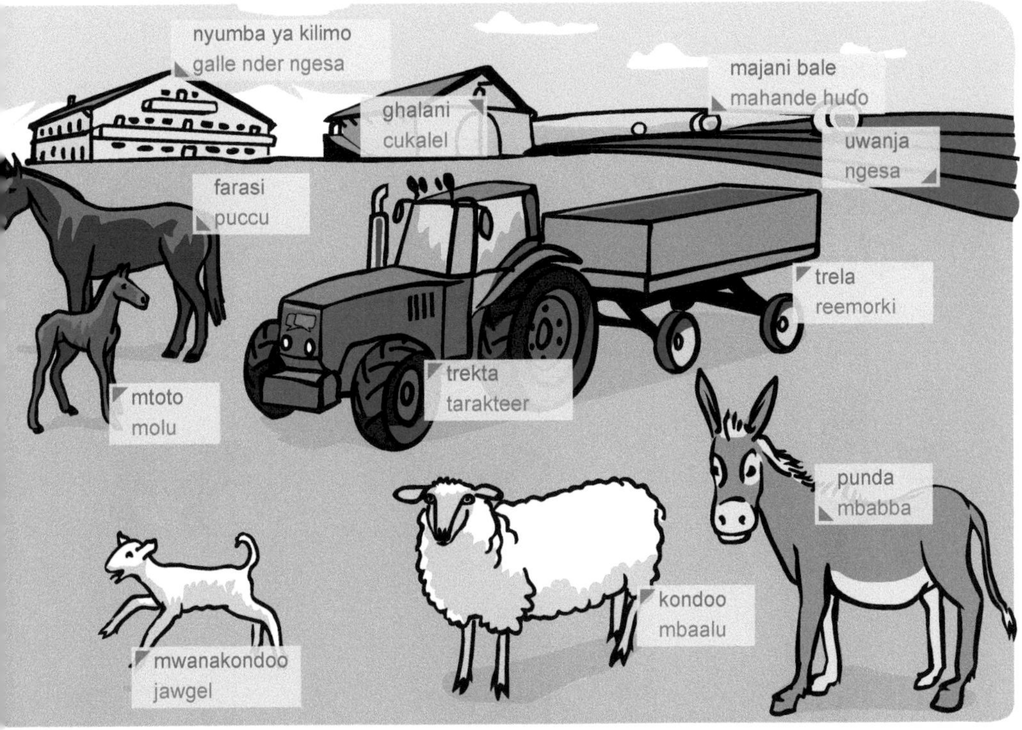
nyumba ya kilimo
galle nder ngesa
ghalani
cukalel
majani bale
mahande hudo
uwanja
ngesa
farasi
puccu
trela
reemorki
trekta
tarakteer
mtoto
molu
punda
mbabba
kondoo
mbaalu
mwanakondoo
jawgel

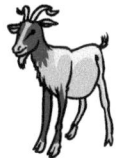

mbuzi
ndamdi

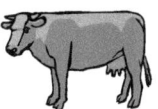

ng'ombe
nagge

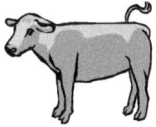

ndama
mbeewa

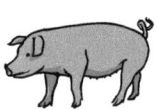

nguruwe
mbabba tugal

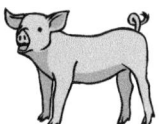

mwananguruwe
ɓingel mbabba tugal

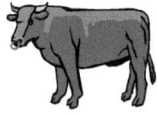

fahali
ngaari ladde

batabukini

jarlal ladde

bata

gerlal

kifaranga

cofel

kuku

jarlal

jogoo

ngori

panya

doomburu

paka

ullundu

panya

doomburu

ng'ombe

nagge

mbwa

rawaandu

nyumba ya mbwa

nokku dawaaɗi

bomba la bustani

tiwo sardin

debe la kumwagilia maji

doosirgal

fyekeo

wofdu mawndu

kulima

masinŋ demoowo

mundu

wofdu

jembe

coppirgal

uma wa nyasi

rato

shoka

hakkunde

toroli

buruwet

kupitia nyimbo

mbalka

chombo cha maziwa

kosam buwat

gunia

saak

ua

kalasal galle

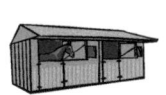

imara

nokku pucci

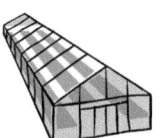

chafu

inexistant

udongo

leydi

mbegu

abbere

mbolea

nguurtinooje leydi

kivunaji

masinŋ coñirteeɗo

mavuno

soñde

mavuno

soñde

viazi vikuu

ñambi

ngano

bele

soya

soja

viazi

faatat

mahindi

maka

rapa

abbere lekki kolsa

mti wa matunda

lekki firwiiji

muhogo

ñambi

nafaka

sereyaal

nyumba
galle

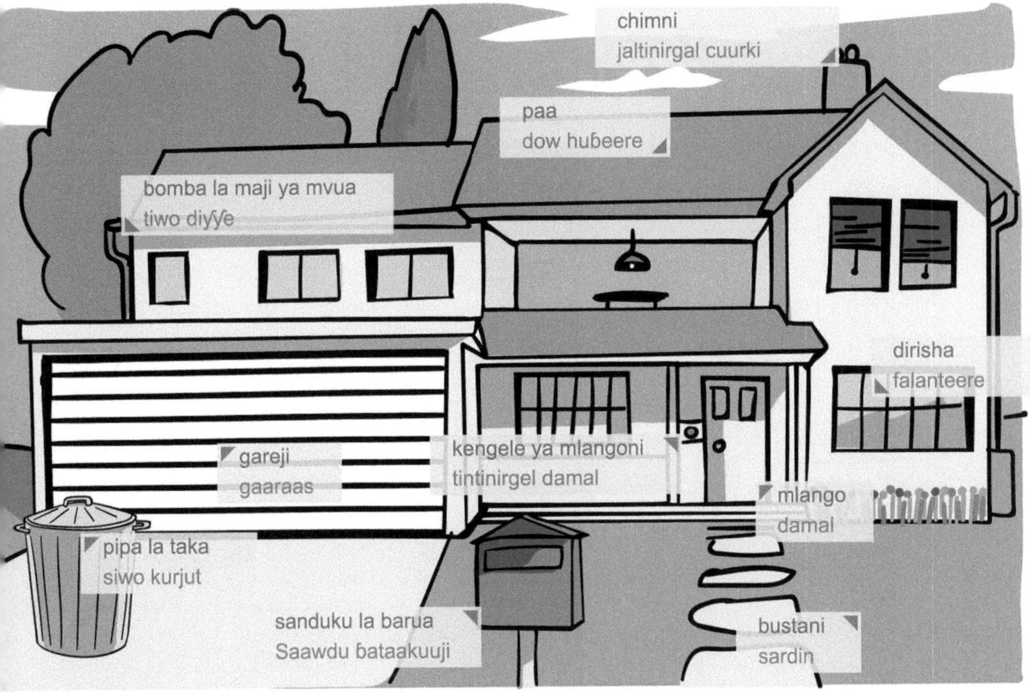

chimni
jaltinirgal cuurki
paa
dow huɓeere
bomba la maji ya mvua
tiwo diyƴe
dirisha
falanteere
gareji
gaaraas
kengele ya mlangoni
tintinirgel damal
mlango
damal
pipa la taka
siwo kurjut
sanduku la barua
Saawdu bataakuuji
bustani
sardin

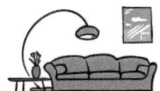

sebuleni

suudu yeewtere

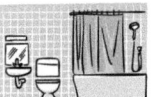

bafu

tarodde

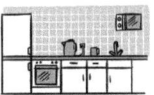

jikoni

waañ

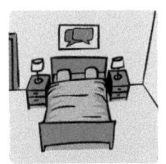

chumba cha kulala

suudu waalduru

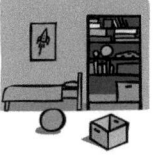

chumba ya mtoto

suudu sakaaɓe

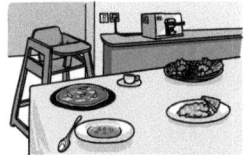

chumba cha kulia

suudu hiraande

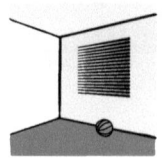

sakafu

karawal

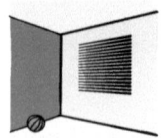

ukuta

balal

dari

asamaan suudu

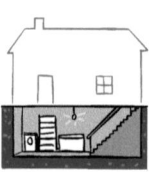

pishi

faawru

sauna

soona e ɗemngal farase

roshani

balko

mtaro

teeraas

kidimbwi

pisin

mashine ya kukata nyasi

keefoowo huɗo

karatasi

darap

kitambaa cha kupamba
kitanda

darap

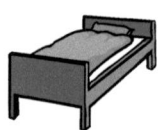

kitanda

leeso

ufagio

pittirgal

ndoo

suwo

kubadili

ñifirgel

sebuleni
suudu yeewtere

mandhari
nataal
picha
nataal
taa
lampa
rafu
etaseer
kabati
bahe
televisheni/runinga
tele
mekoni
jaltinirgel cuurki
ua
fuloor
mto
njegenaaw
sofa
fotooy
chombo cha maua
ciwirgal njaram
kitenzambali
deengol ko woddi

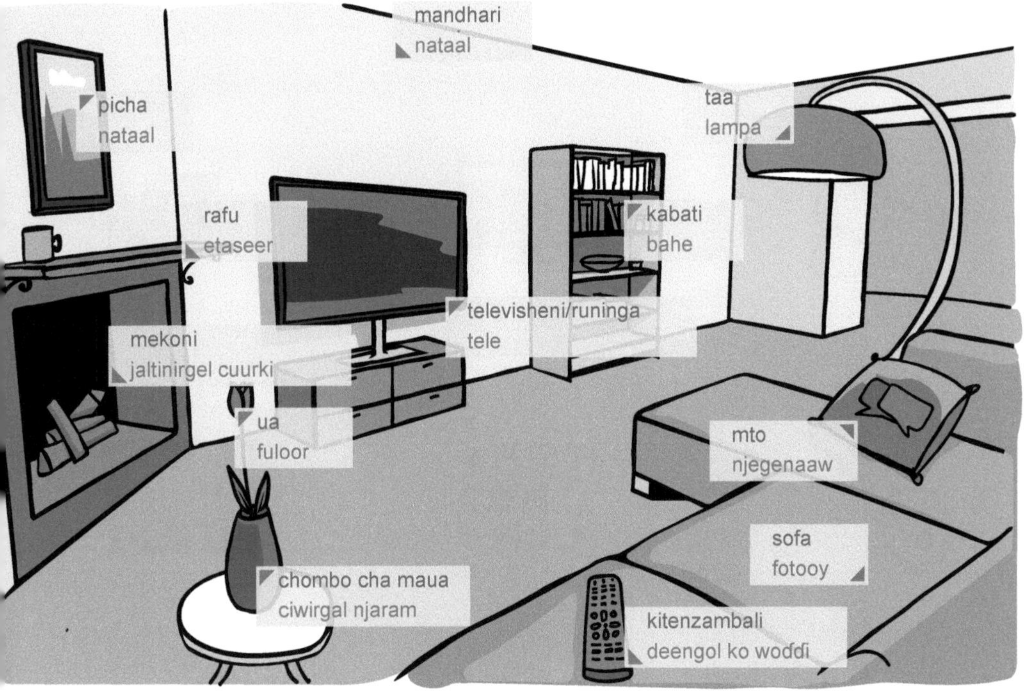

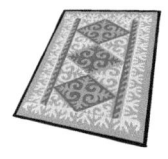

zulia

tappi

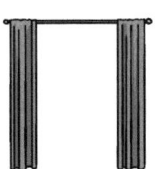

pazia

rido

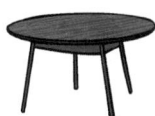

meza

taabal

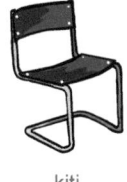

kiti

jooɗorgal

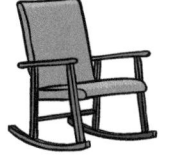

kiti cha bembea

jooɗorgal timmungal

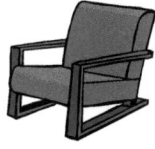

armchair

jooɗorgal tuggateengal

kitabu

deftere

blanketi

cuddirgal

mapambo

jooɗnugol

kuni

leɗɗe kuɓɓateeɗe

filamu

filmo

kifaa cha hi-fi

materiyel hi-fi

ufunguo

coktirgal

gazeti

kaayit kabaruuji

uchoraji

pentirgol

bango

posteer

redio

rajo

daftari

teskorgel

kifyonza

ɓoɗowel pusiyeer

dungusi kakati

kaktis

mshumaa

sondel

jikoni
waañ

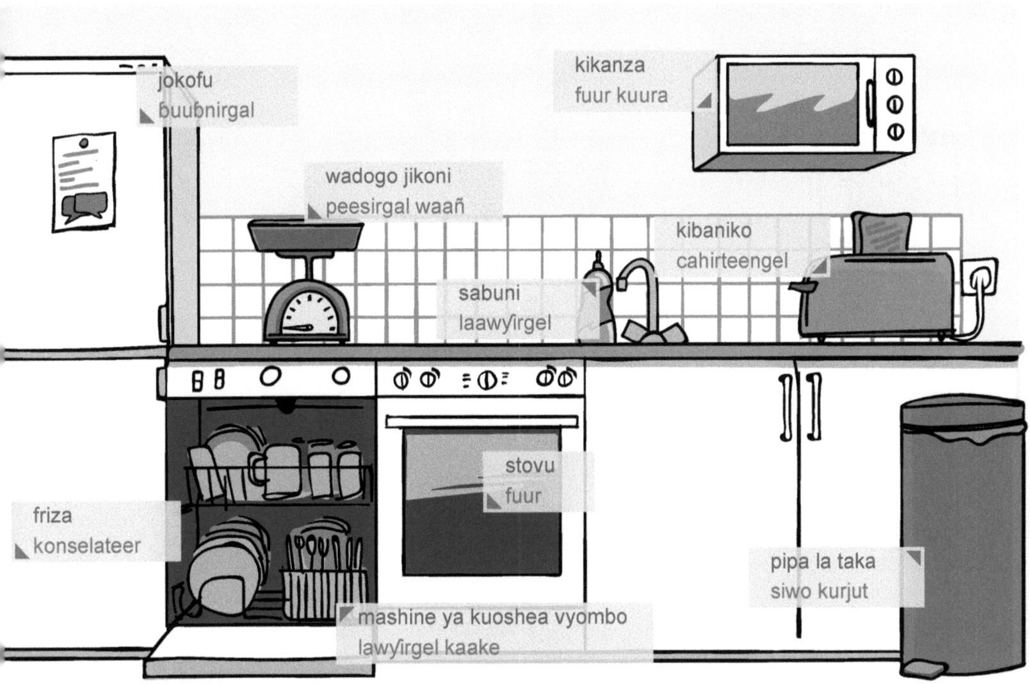
jokofu
buubnirgal
kikanza
fuur kuura
wadogo jikoni
peesirgal waañ
kibaniko
cahirteengel
sabuni
laawyirgel
stovu
fuur
friza
konselateer
pipa la taka
siwo kurjut
mashine ya kuoshea vyombo
lawyirgel kaake

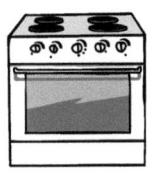

jiko la kupika

fuurno

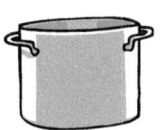

chungu

pot

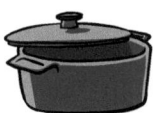

sufuria ya chuma

barme

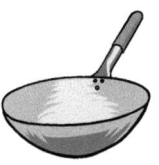

wok / kadai

kasorol

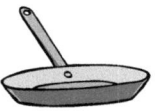

kaango

kasorol

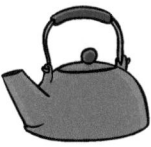

birika

satalla

stima

suppere defirteende

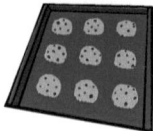

sinia ya kuoka

pool defirteeɗo

vyombo vya udongo

lawyũgol kaake

kombe

pot jarduɗo

bakuli

suppeere

vijiti vya kulia

ñiɓirgon ñaamdu

ukawa

kuddu luus

mwiko mpana

kayit ɗakirteeɗo

burashi

iirtude

kichujio

ceɗirgel

chujio

tame

mbuzi

keefirgel

chokaa

moññirgal

barbeque

juɗgol

moto wazi

jeyngol e henndu

ubao wa majaribio

coppirgal

kijiti cha kusukuma unga

degnirgel ñaamdu
feewnateendu

kizibuo

udditirgel butel

kopo

buwaat

inaweza kopo

udditirgel buwat

kishikio cha chungu

nangirgel pot

karo

siimtude

brashi

boros

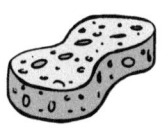

sifongo

eppoos

kisagaji matunda

jiibirgel

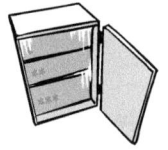

friji ya kina

battowel galaas

chupa ya mtoto

jardugel tiggu

bomba

robine

bafu
tarodde

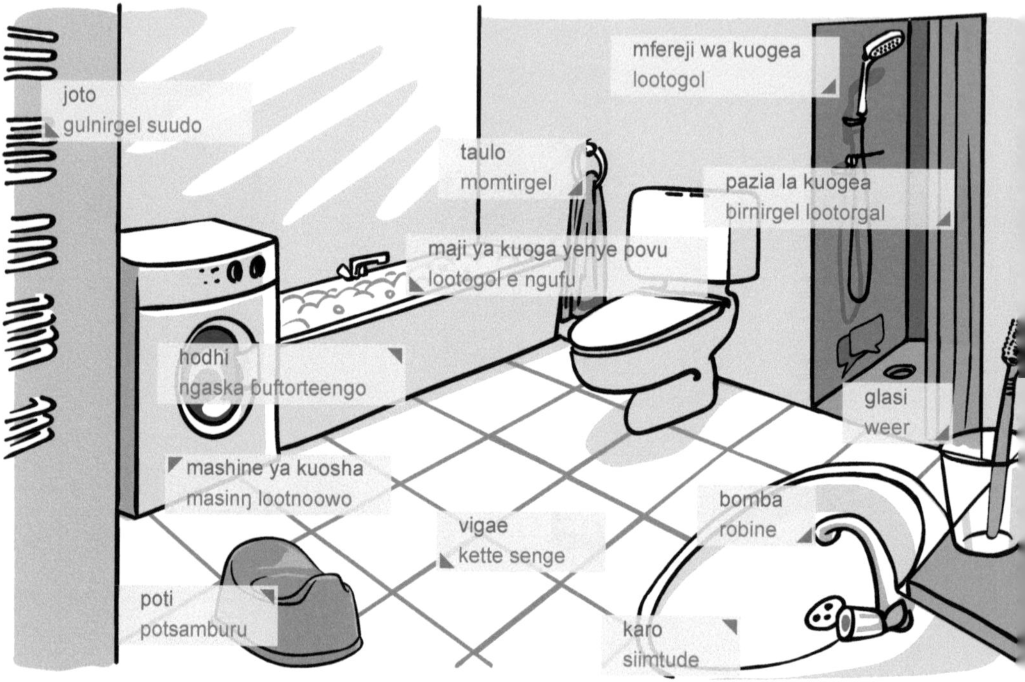

joto
gulnirgel suudo
mfereji wa kuogea
lootogol
taulo
momtirgel
pazia la kuogea
birnirgel lootorgal
maji ya kuoga yenye povu
lootogol e ngufu
hodhi
ngaska buftorteengo
glasi
weer
mashine ya kuosha
masinŋ lootnoowo
bomba
robine
vigae
kette senge
poti
potsamburu
karo
siimtude

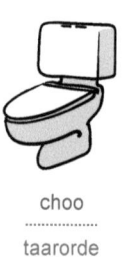

choo
taarorde

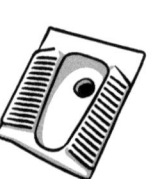

choo cha squat
joɗorgal kuwirteengal

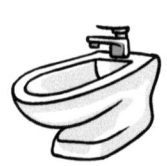

beseni la mviringo
biisirgel ndiyam

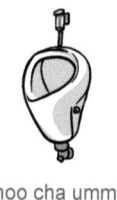

choo cha umma
taarodde

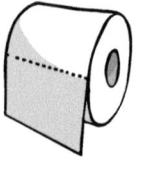

shashi
kaayit momtirɗo

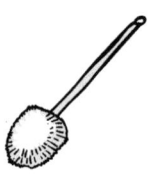

brashi ya choo
boros taarorde

mswaki

coccorgal ƴiiye

dawa ya meno

sabunde ƴiiye

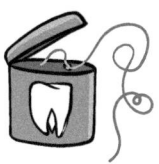

dawa ya meno

gaarowol ñiire

safisha

lawƴude

kuoga mkono

ɓoggol lootirteengol

msukumo wa maji

ɓuftogol

bonde

loowirteengel

mpako wa pili

demirgel huɗo

sabuni

sabunnde

jeli ya kuogea

saabunde ɓuftorteende

shampuu

sampoye

flana

limsere wiro

toa maji

ciiygol

krimu

kerem

kiondoa harufu

uurnirgel

kioo
daandorgal

kioo mkono
daandorgal pamoral

kinyozi
pembirgel

povu la kunyoa
ngufu pembol

baada ya kunyoa
moomiteengel pembol

kichana
yeesoode

brashi
boros

kikausha nywele
joornirgel sukunndu

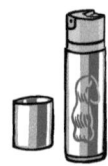

marashi ya nyewele
peewnirgel sukunndu

vipodozi
makiyaas

kidomwa
joodirgel toni

varnish ya msumari
momtirgel cegeneeji

pamba
garowol wiro

mkasi wa kucha
siso cegeneeji

manukato
parfon

mkoba wa kuosha

waxande lootorgal

kinyesi

kuudi

mizani

peesirgal

nguo ya kuoga

wutte cuftorteeɗo

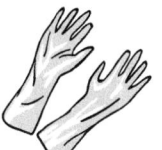

glavu za mpira

gaŋuuji dalli

kisodo

momtirer ƴiiƴam ella

sodo

kuus tiggu

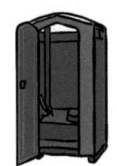

kemikali choo

lootogol simik

chumba ya mtoto
suudu sakaaɓe

saa ya kengele
pindinirgel
kidoli cha kupakata
kullel fijirde
gari bandia
oto pijirgel
kelele
dillere
chumba cha midoli
galle pijirgel
sasa
hannde

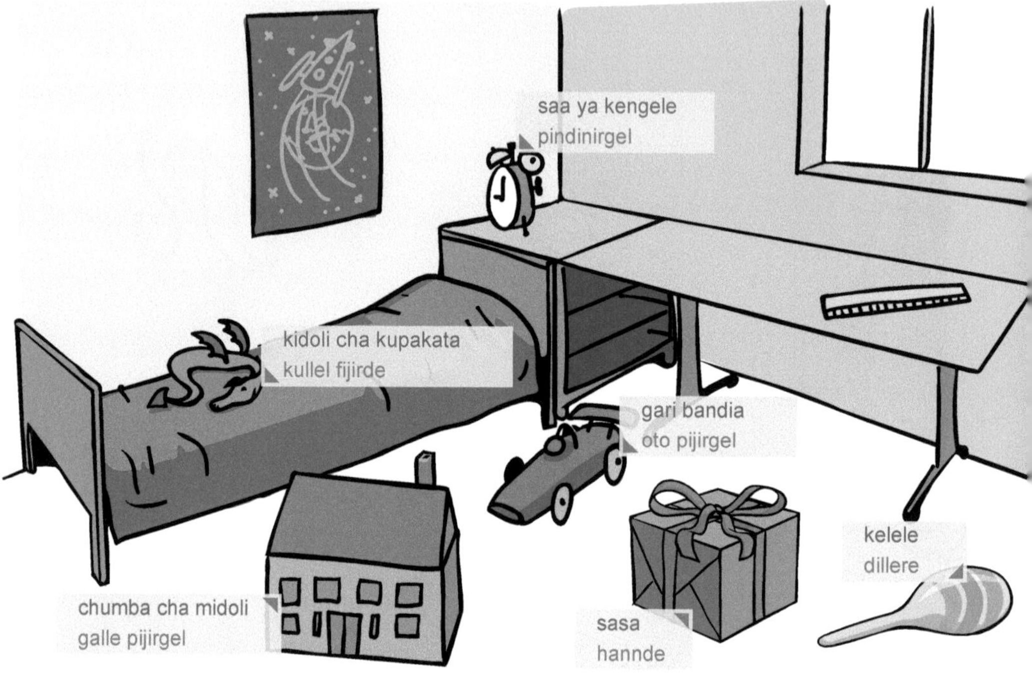

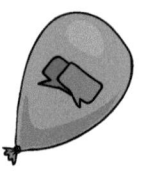

baluni

sumalle dalli

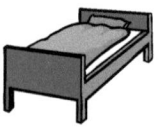

kitanda

leeso

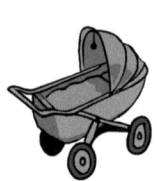

mashua

duñirgel tiggu

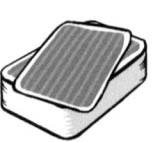

staha ya kadi

nokkere karte

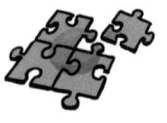

mchezo-fumb

fijirde lombondirgol

SUPER
MEGA

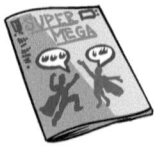

vichekesho

njalniika

matofali lego

pijirgel tuufeeje

vitalu mwigo

tuufeeje

hatua takwimu

pijirgel

suti ya kulalia

comcol tiggu

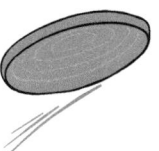

kisahani

palaat diwwoow

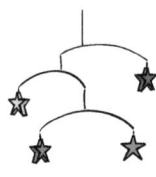

simu

noddirgel

ubao wa michezo

pijirgel

kete

dee

garimoshi mwigo

ñemtinirgel laana ndegoowa

dummy

neɗɗo fuuunti

chama

fijirde

picha kitabu

deftere nate

mpira

bal

kikaragosi

puppe

kucheza

fijde

shimo la mchanga

mbalka ceenal

bembea

beeltirgal

vitu bandia

pijirgel

kiweko cha video ya mchezo

pijiteengel see widewo

baiskeli ya magurudumu

welo biifi tati

matatu

mwanasesere

pijirgel kullel urs

kabati

armuwaar

soksi

kawase

stokingi

kawase

kibano

tuubayon bittukon

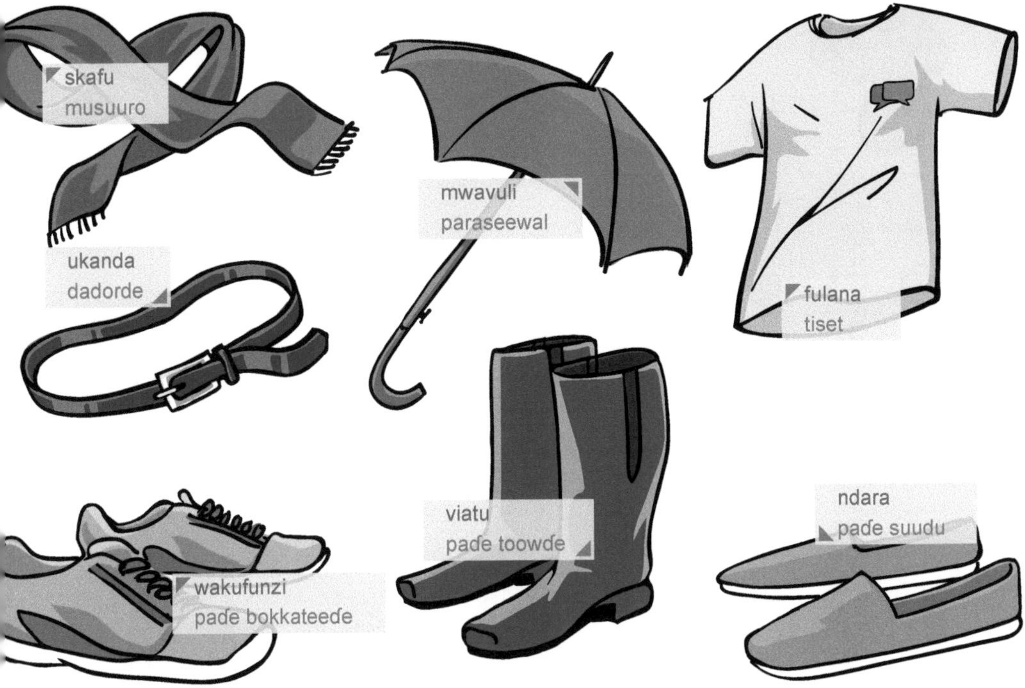

skafu
musuuro

mwavuli
paraseewal

ukanda
dadorde

fulana
tiset

viatu
paɗe toowɗe

ndara
paɗe suudu

wakufunzi
paɗe bokkateeɗe

malapa

paɗe diwa

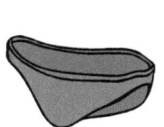

viatu

paɗe

mabuti ya mpira

paɗɗe toowɗe lirotooɗe

suruali ya ndani

cakkirɗi

sidiria

sucengors

fulana

silet

mwili
....
banndu

suruali
....
tuuba

dangirizi
....
jiin

sketi
....
robbo

blauzi
....
buluson

shati
....
simis

vuta
....
piliweer

sweta
....
weste nebbu

bleza
....
layset

jaketi
....
jaget

koti
....
weste juudɗo

koti la mvua
....
wutte toɓo

maleba
....
kostim

gauni
....
robbo

mavazi ya harusi
....
robbo yange

suti

weste

vazi la usiku

wutte baaldudo

pajama

pijama

sari

sari

skafu

muusooro

kilemba

kaala

burka

kaala

kaftan

sabndoor

abaya

abbaay

vazi la kuogelea

comcol lumbirogol

vazi la kiume la kuogelea

cakkirdi

kaptura

kilot

teitei

joogin

aproni

limsere deffowo

glavu

gaŋuuji

kifungo

boɗɗirgel

glasi

lone

bangili

jawo

mkufu

cakka

pete

feggere

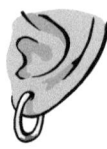

herini

hootonde

kofia

laafa

kiango cha koti

liggirgal weste

kofia

laafa

tai

karawat

zipu

zip

kofia

laafa ndeenka

kanda za suruali

ganŋ

sare za shule

comcol duɗal

sare

iniform

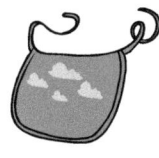

bibu

sarbetel daande

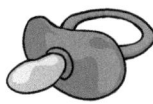

dummy

neɗɗo fuuunti

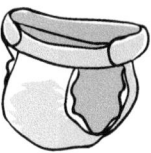

nepi

kuus

ofisi

gollirgal

seva
serveer
kabati la kuweka faili
baxane doodiyeeji
karatasi
kaayit
kichapishaji
jaltinirgel kaayit
kiwambo
ekaran
kipanya
suuri
dawati
biro
folda
caawiirgel doosiyeeji
kibodi
tappirde
u cha kuweka karatasi chafu
kurjut
kompyuta
ordinateer
kiti
jooɗorgal

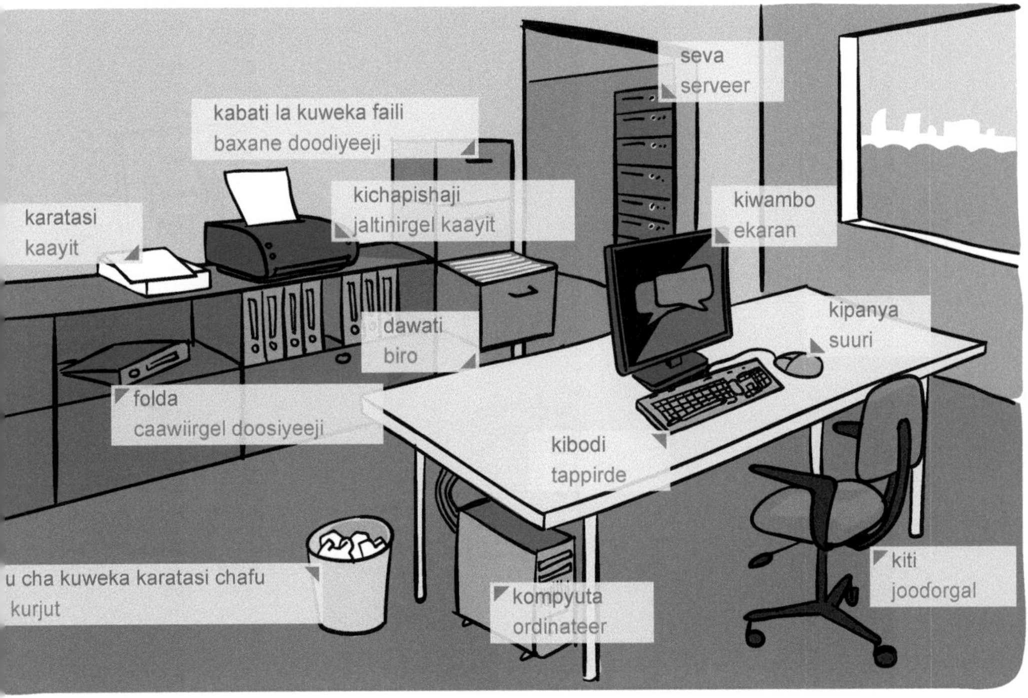

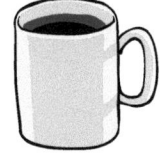

kmobe la kahawa

kuppu kafe

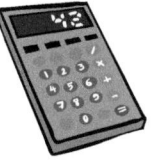

kikokotoo

qiimorgal

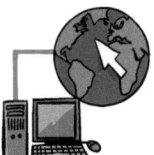

biashara

enternet

mbali

ordinateer beelnateeɗo

barua

ɓataake

ujumbe

ɓataake

rununu

noddirgel

intaneti

reso

fotokopia

cottitirgel

programu

losisiyel

simu

noddirgel

soketi

ceŋirgel ɓoggol kuura

kipepesi

masinŋ faks

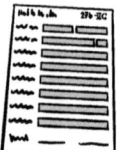

fomu

mbaadi

hati

dokiman

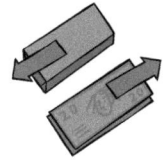

kununua

soodde

kulipa

soodde

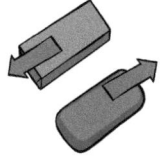

biashara

yeyde

fedha

kaalis

dola

dolaar

yuro

eroo

yeni

yen

rouble

ruubal

faranga ya Uswisi

faran Siwis

renminbi yuan

yuwaan renminbi

rupia

rupii

eneo la kulipia

masinŋ keestordo kaalis

ofisi ya ubadilishanaji
nokku beccugol e neldugol

dhahabu
kanŋe

fedha
kaalis

mafuta
esaans

nishati
sembe

bei
coggu

mkataba
kontara

kodi
taks

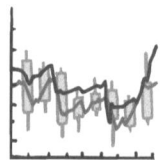

bidhaa
marsandiss moftaaɗo

kazi
gollude

mfanyakazi
gollinteeɗo

mwajiri
gollinoowo

kiwanda
isin

duka
bitik

kazi
haajuuji

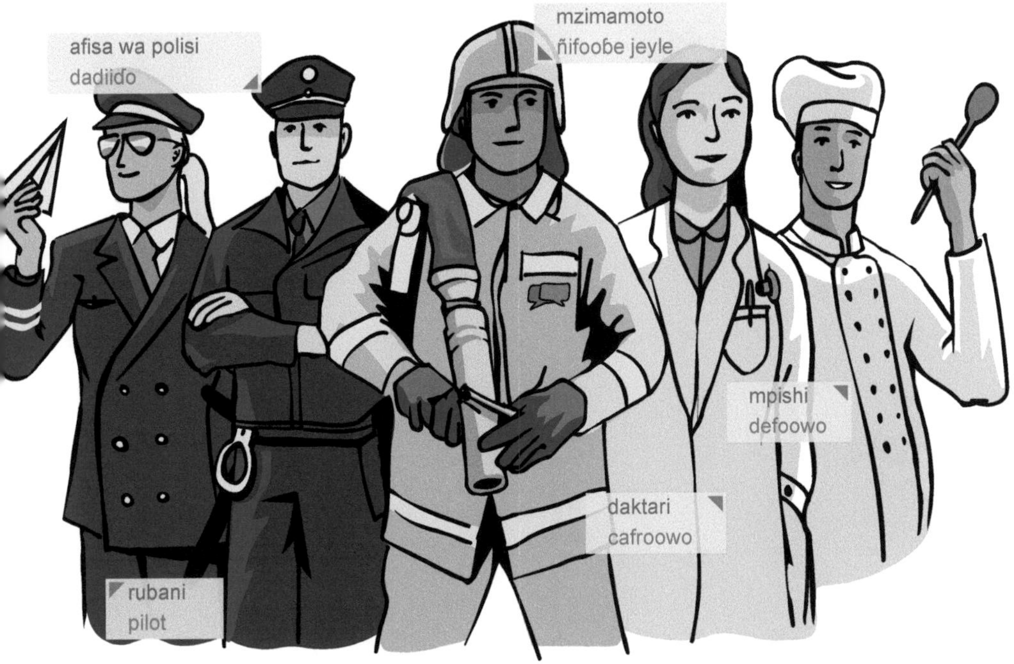
mzimamoto
ñifoobe jeyle
afisa wa polisi
dadiiɗo
mpishi
defoowo
daktari
cafroowo
rubani
pilot

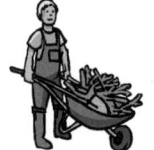

mtunza bustani

toppitiiɗo sardin

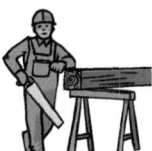

seremala

minise

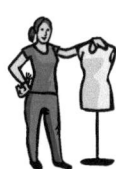

mshonaji

ñootoowo

hakimu

ñaawoowo

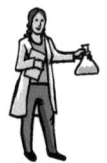

mwanakemia

simist e ɗemngal farayse

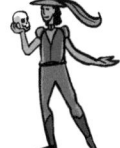

muigizaji

aktoor

dereva wa basi

dognoowo biis

dereva wa teksi

dognoowo taksi

mvuvi

gawoowo

mwanamke wa kusafisha

pittoowo

mwezekaji

cengirɗe huɓeere

mhudumu

carwoowo

mwindaji

daddoowo

mchoraji

pentiroowo

mwokaji

piyoowo mburu

umeme

gollowo kuura

mjenzi

mahoowo

mhandisi

enseñeer

mchinjaji

jeyoowo teew keso

fundi bomba

polombiyer

mwanaposta

nawoowo ɓatakuuji

mwanajeshi
kooninke

msanifu majengo
diidoowo ɓahanteeri

keshia
kestotooɗo

muuza maua
jeyoowo fuloraaji

msusi
mooroowo

kondakta
dognoowo

mekanika
mekanisiyeŋ

nahodha
kapiteen

daktari wa meno
cafroowo ɲiiɲe

mwanasayansi
miijotooɗo

rabbi
kellifaaɗo diine to israayel

imamu
imaam

mtawa
muwaan e e ɗemngal
farayse

kasisi
kellifaaɗo diine heerereeɓe

zana
kuutorɗe

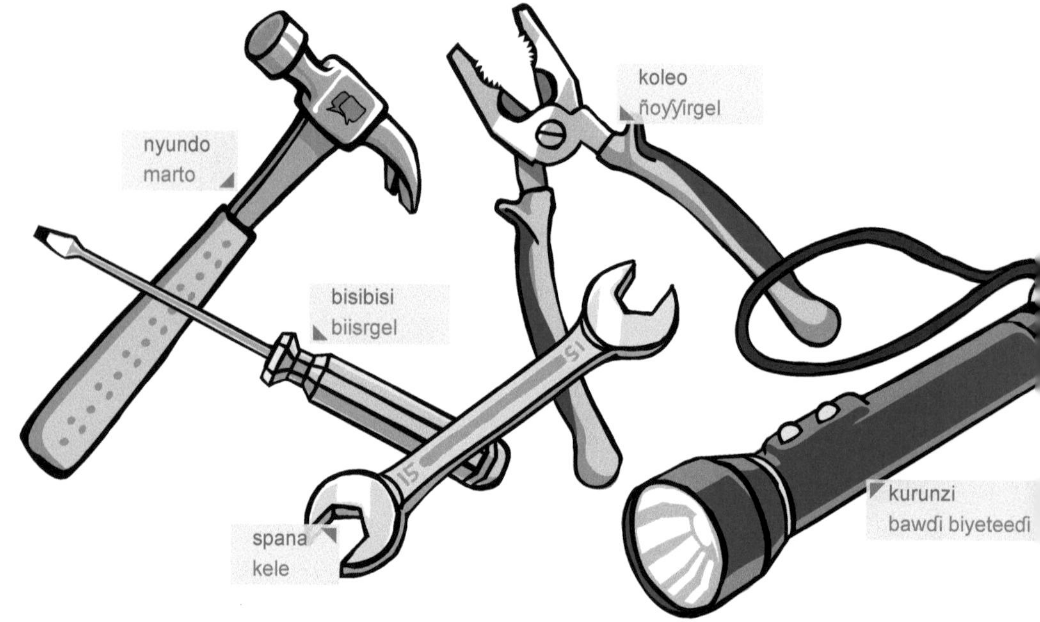

nyundo
marto
koleo
ñoyƴirgel
bisibisi
biisrgel
spana
kele
kurunzi
bawɗi biyeteeɗi

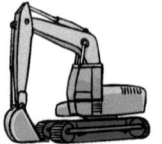

mchimbaji

pikku

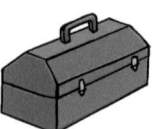

sanduku la vifaa

baxanel kaɓorɗe

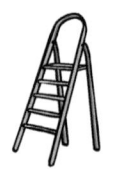

ngazi

ŋabbirgal

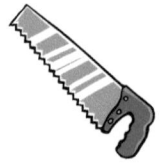

msumeno

taƴirgal

misumari

ƴibirɗe

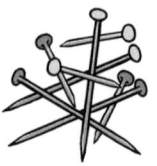

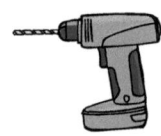

kuchimba visima

julirgal

kukarabati
fewnitde

sepetu
nokkirgel

Lo!
Soo!

kishikio cha uchafu
boftirgel kurjut

chungu cha rangi
pot penttiir

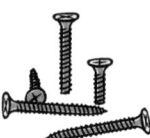

skurubu
wiisuuji

ala za muziki
kongirgon misik

mpangilio wa ngoma
kongateede

spika
nantinooji

gita
hoddu

besi mara mbili
duubl baas

tarumbeta
liital

piano
piayaano

fidla
wiyolon

ubeji
baas

timpani
bowɗi biyeteeɗi timpani

ngoma
bawɗi

kibodi
tappirgal

saksafoni
saksofoon

filimbi
nguurdu

maikrofoni
mikoro

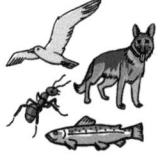

bustani ya wanyama
nokku kullon

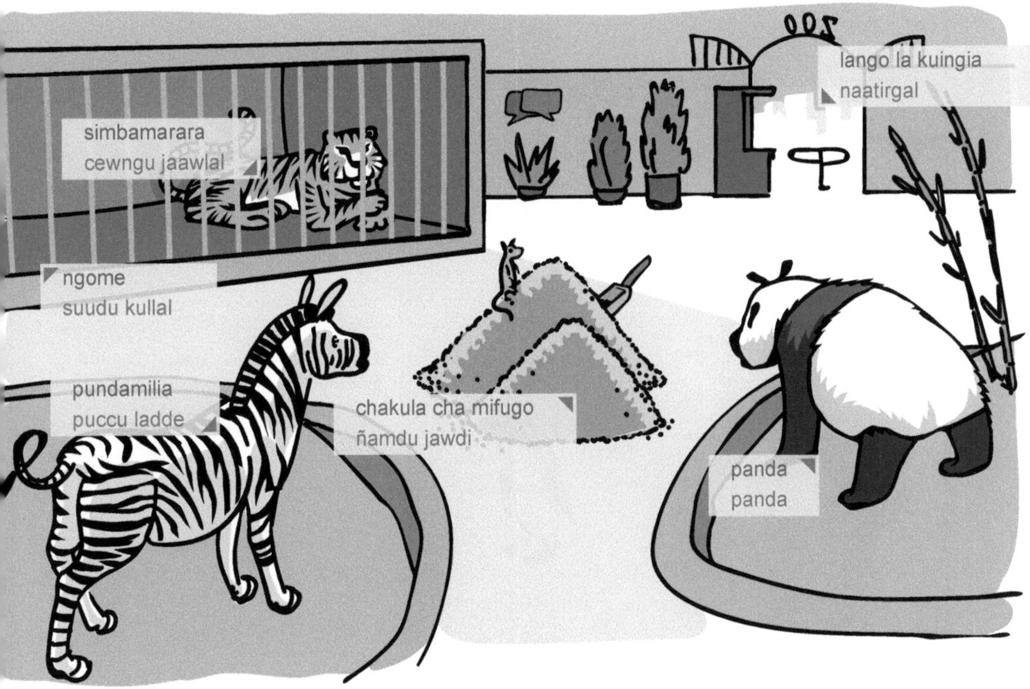

lango la kuingia
naatirgal
simbamarara
cewngu jaawlal
ngome
suudu kullal
pundamilia
puccu ladde
chakula cha mifugo
ñamdu jawdi
panda
panda

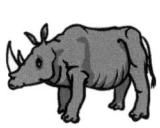

wanyama

kulle

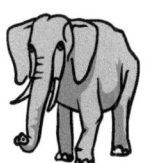

tembo

ñiiwa

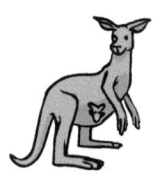

kangaruu

kanguru

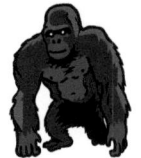

kifaru

rinoseros

sokwe

waandu mowndu

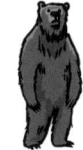

dubu

urs

ngamia

ngelooba

mbuni

sundu ɓurndu mownude

simba

mbaroodi

tumbili

waandu

heroe

ñaaral pural

kasuku

seku

dubu

urso galaas

penguini

liingu wiyeteendu penguwe

papa

lingu reke

tausi

ndiwri wiyeteendu pawon

nyoka

laadoori

mamba

nooro

mtunza wanyama

deenoowo zoo

muhuri

togoori ndiyam wiyeteendu
fok e farayse

jaguar

cewngu

mwanafarasi

molu

chui

cewngu

kiboko

ngabu

twiga

njabala

tai

ciilal

nguruwe mwitu

mbabba tugal

samaki

liingu

kobe

heende

sili

kullal biyeteengal morse

mbweha

renaar

paa

lella

soka ya marekani
Fuggukoyngel Amerknaaɓe

uendeshaji baiskeli
dognugol welo

tenisi
tenis

mpira wa kikapu
beysbol

kuogelea
lumbagol

ndondi
boks

magongo ya barafuni
fuggukoyngel e galaas

soka
Fuggukoyngel

vinyoya
badminton

riadha
atelettuuji

mpira wa mikono
hanbol

skii
fijirɗe deggol e nees

polo
polo

shughuli
golle

cheka
jalde
kuruka
diwde
kumbatia
ɓuucaade
kutembea
yaade
kuimba
yimde
ota ndoto
hoyɗitaade
kuomba
juulde
busu
ɓuucaade

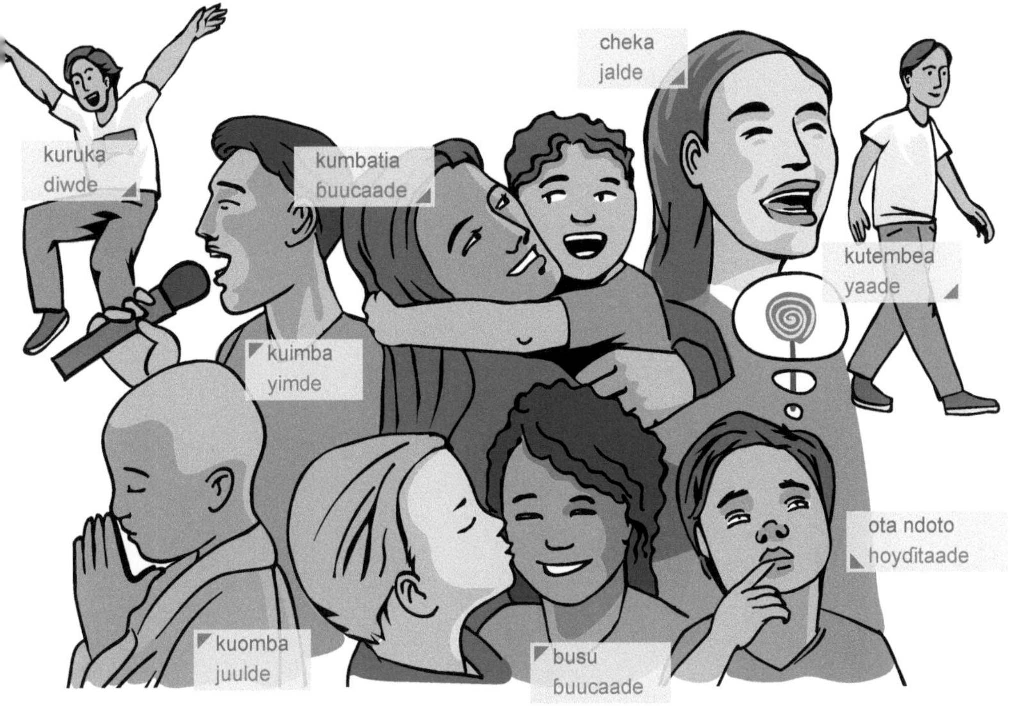

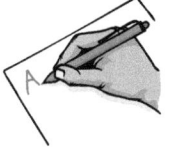

kuandika
windude

kuteka
siifde

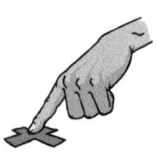

angalia
hollude

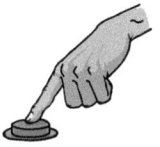

sukuma
duñde

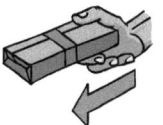

kutoa
rokkude

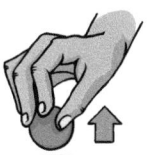

kuchukua
ƴettude

kuwa
deñde

fanya
waɗde

kuwa
wonde

kusimama
ummaade

kukimbia
dogde

vuta
fooɗde

kutupa
weddaade

kuanguka
yande

hadaa
fende

kusubiri
sabbaade

kubeba
roondaade

kukaa
jooɗaade

vaa nguo
ɓoornaade

usingizi
ɗaanaade

kuamka
finde

kuangalia
ɏeewde

lia
woyde

kiharusi
helde

chana nywele
yeesaade

ongea
haalde

kuelewa
faamde

kuuliza
naamnaade

kusikiliza
heɗaade

kunywa
yarde

kula
ñaamde

nadhifisha
hawrinde

upendo
yiɗɗe

mpishi
defde

gari
dognude

kuruka
diwde

meli

awƴude

kokotoa

qimaade

kusoma

jangude

kujifunza

jangude

kazi

gollude

kuoa

resde

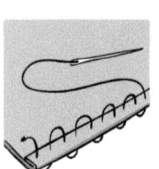

kushona

ñootde

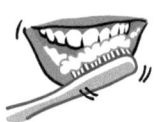

piga mswaki

soccaade ƴiiƴe

kuua

warde

moshi

simmaade

kutuma

neldude

raaɗo debbo

babu
taaniraaɗo gorko

baba
baabiraaɗo

mama
yummiraaɗo

mtoto
tiggu

binti
biɗɗo debbo

bin
biɗɗo gorko

mgeni

koɗo

shangazi

goggiraaɗo

mjomba

kaawiraaɗo

kaka

mowniraaɗo gorko

dada

mowniraaɗo debbo

mwili
ɓandu

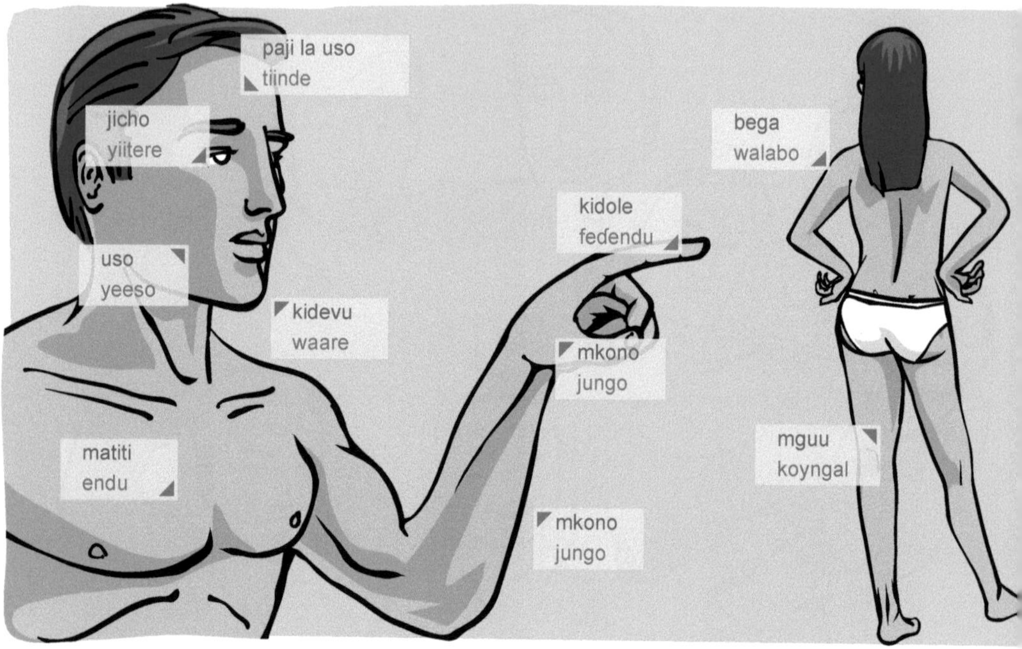

paji la uso
tiinde

jicho
yiitere

bega
walabo

uso
yeeso

kidole
feɗendu

kidevu
waare

mkono
jungo

matiti
endu

mkono
jungo

mguu
koyngal

mtoto
....
tiggu

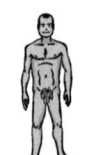

mwanamume
....
gorko

mwanamke
....
debbo

msichana
....
deftere kongoli

mvulana
....
suka gorko

kichwa
....
hoore

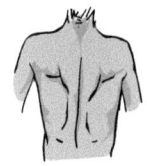

nyuma
keeci

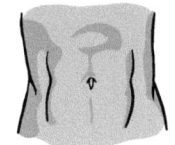

tumbo
reedu

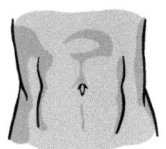

kitovu
wuddu

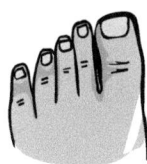

chano
feɗendu koyngal

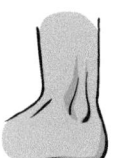

kisigino
jabborgal

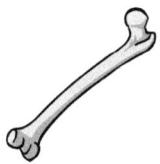

mfupa
ƴiyal

nyonga
rotere

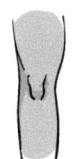

goti
hofru

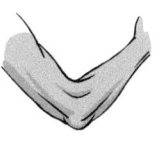

kiwiko
salndu junngu

pua
hinere

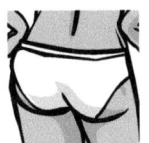

chini
dote

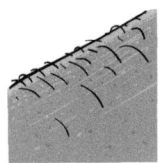

ngozi
nguru

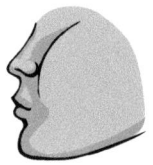

shavu
aɓɓulo

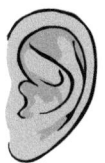

sikio
nofru

mdomo
tonndu

mwili - bandu

kinywa
hunuko

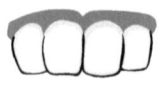

jino
ñiire

ulimi
ɗemngal

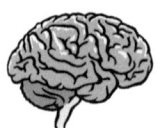

ubongo
ngaandi

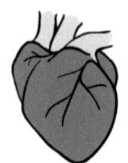

moyo
ɓernde

misuli
ƴiyal

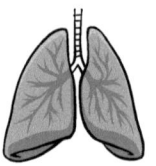

pafu
wecco

ini
heeñere

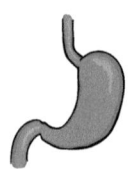

tumbo
estoma

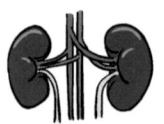

figo
tekteki mawni

jinsia
terɗe

kondomu
laafa ndeenka

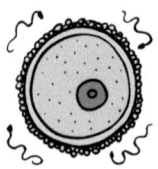

ovari
ɓoccoonde maniya

shahawa
maniya

mimba
reedu

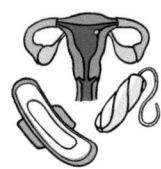

hedhi
....
yiiƴam ella

uke
....
farja

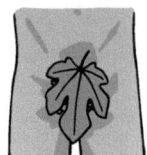

uume
....
kaake

unyusi
....
leebi dow yiitere

nywele
....
sukunndu

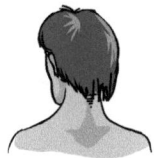

shingo
....
daande

hospitali
suudu safirdu

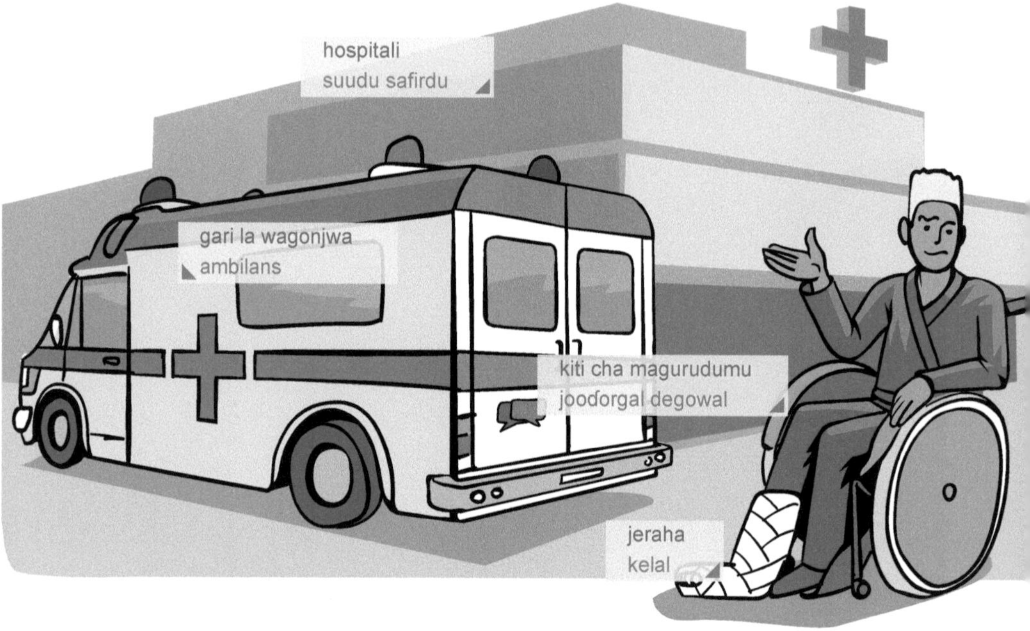

hospitali
suudu safirdu
gari la wagonjwa
ambilans
kiti cha magurudumu
jooɗorgal degowal
jeraha
kelal

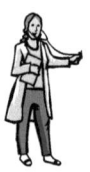

daktari
cafroowo

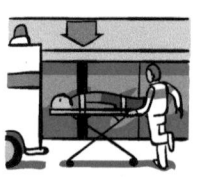

chumba cha dharura
suudo irsaans

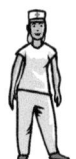

muuguzi
cafroowo

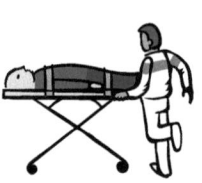

dharura
irsaans

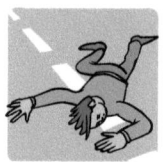

kupoteza fahamu
paɗɗiiɗo

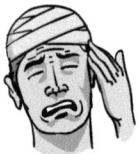

maumivu
muuseeki

kuumia

gaañande

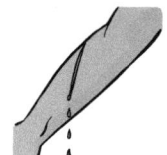

kutokwa na damu

tuyƴude

mshtuko wa moyo

bernde dartiinde

kiharusi

darogol bernde

mzio

alersi

kikohozi

dojjugol

homa

nguleeki ɓandu

mafua

mabbo

kuharisha

reedu dogooru

maumivu ya kichwa

muuseeki hoore

kansa

kanser

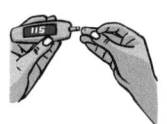

ugonjwa wa kisukari

jabet

daktari mpasuaji

operasiyon

kisu kidogo cha kupasulia

ceekirgel

operesheni

operasiyon

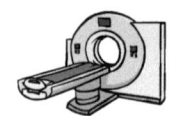

picha changanufu ya mwili

CT

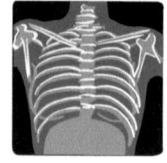

Eksrei

reyon-x

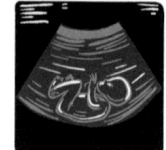

mawimbi sauti

iltarason

barakoa ya uso

mask yeeso

ugonjwa

ñaw

chumba cha kusubiri

suudu sabbordu

mkongojo

sawru tuggorgal

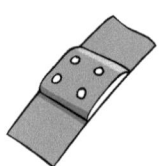

plasta

palatar

bendeji

bandaas

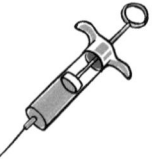

sindano

pikkitagol

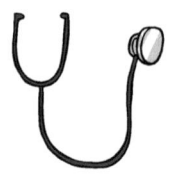

stetoskopu

keɗirgel dille ɓandu

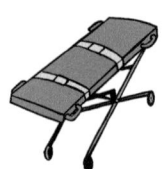

machela

balankaaru

kipimajoto cha kliniki

betirgel nguleeki ɓanndu

kuzaliwa

jibinegol

unene kupita kiasi

ɓandu ɓurtundu

kusikia misaada

ballotirgel nonooje

kipukusi

desefektan

maambukizi

infeksiyon

virusi

viris

VVU / UKIMWI

HIV / SIDA

dawa

safaara

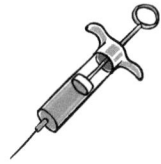

chanjo

ñakko

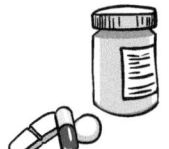

vidonge

tabletuuji

kidonge

foɗɗere

simu ya dharura

noddaango heñoraango

haemodainamometa

betirgel dogdu ƴiiƴam

mgonjwa / mwenye afya

sellaani / salli

Msaada!

Paaboɗe!

kengele

tintinirgel

pigo

jangol

shambulizi

yande e

hatari

musiiba

lango la dharura

damal dandirgal

Moto!

Paaboɗe!

kizima moto

ñifirgel jeynge

ajali

aksida

vifaa vya huduma ya kwanza

geɗe cafrorɗe gadane

wito wa msaada

BALLAL

polisi

Polis

Ulaya

Erop

Amerika ya Kaskazini

Amerik to Rewo

Amerika ya Kusini

Amerik to Worgo

Afrika

Afiriki

Asia

Asi

Australia

Ostarali

Atlantiki

Atalantik

Pasifiki

Pasifik

Bahari ya Hindi

Oseyan Enje

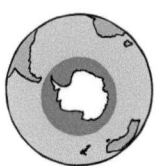

Bahari ya Antaktiki

Oseyan Antarktik

Bahari ya Aktiki

Osean Arkatik

Ncha ya Kaskazini

Bange Rewo

Ncha ya Kusini

Bange Worgo

Antaktika

Antarktik

dunia

Leydi

nchi

leydi

bahari

maayo mawngo

kisiwa

wuro nder ndiyam

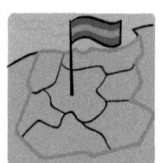

taifa

leydi

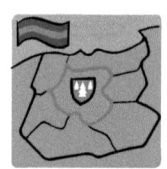

jimbo

jamaanu

uso wa saa

yeeso montoor

akrabu ya saa

misalel waqtu

akrabu ya dakika

misalel hojomaaji

akrabu ya sekunde

misalel majanɗe

Ni saa ngapi?

Hol waqtu jonɗo?

siku

ñalawma

wakati

saha

sasa

jooni

saa ya dijitali

montoor disitaal

dakika

hojom

saa

waqtu

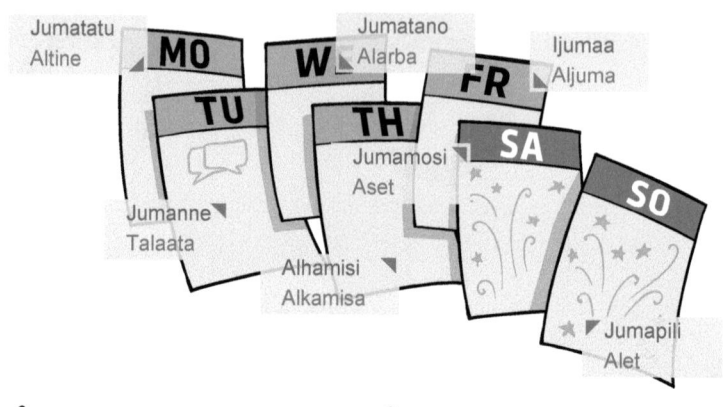

Jumatatu / Altine — MO
Jumatano / Alarba — W
Ijumaa / Aljuma — FR
TU
TH / Jumamosi / Aset
SA
Jumanne / Talaata
Alhamisi / Alkamisa
SO
Jumapili / Alet

jana

hanki

leo

hande

kesho

jango

asubuhi

subaka

saa sita mchana

beetawe

jioni

kikiiɗe

MO	TU	WE	TH	FR	SA	SU
1	2	3	4	5	6	7
8	9	10	11	12	13	14
15	16	17	18	19	20	21
22	23	24	25	26	27	28
29	30	31	1	2	3	4

siku za biashara

ñalawmaaji golle

MO	TU	WE	TH	FR	SA	SU
1	2	3	4	5	6	7
8	9	10	11	12	13	14
15	16	17	18	19	20	21
22	23	24	25	26	27	28
29	30	31	1	2	3	4

mwishoni mwa wiki

ñalamaaji fooftere

mwaka
hitaande

mvua
toɓo
upinde wa mvua
timtimol
theluji
nees
upepo
hendu
majira ya machipuko
caggal dabbunde
vuli
dabbunde
kiangazi
ndungu
majira ya baridi
dabbunde

4.APRIL 11°
5.APRIL 4°
6.APRIL 13°
7.APRIL 8°
8.APRIL 10°

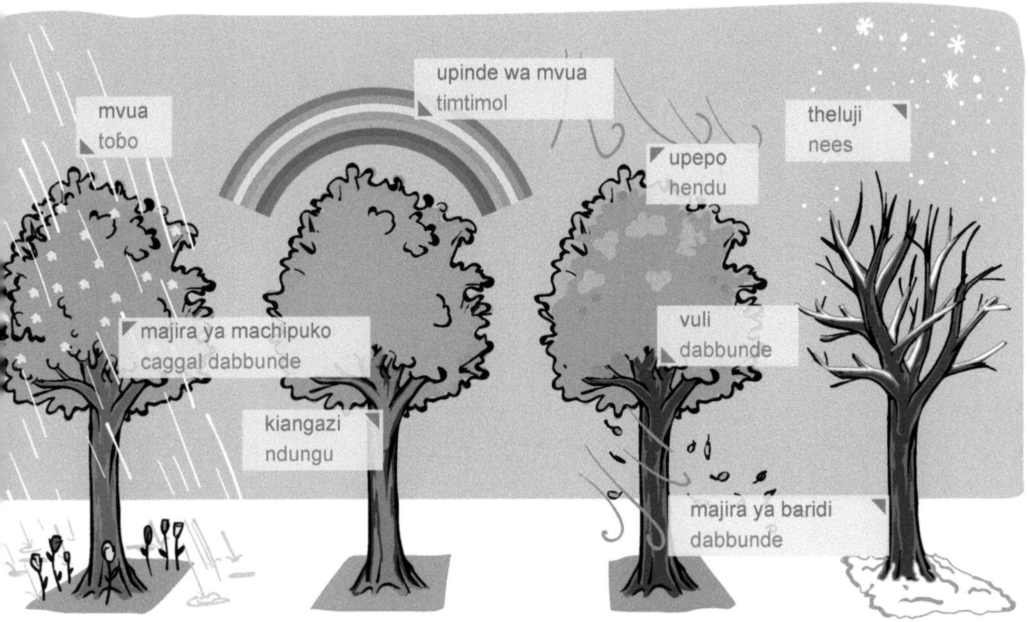

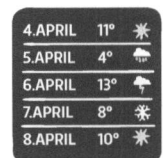

utabiri wa hali ya hewa

kabrugol geɗe weeyo

F C
120 40
90 30
60 20
30 10
0 0
-30 -10
-20

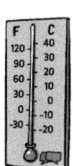

kipimajoto

ɓetirgal nguleeki

mwanga wa jua

nguleeki naange

wingu

duulal

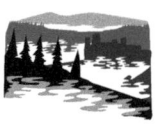

ukungu

niɓɓere niwri

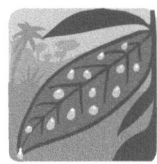

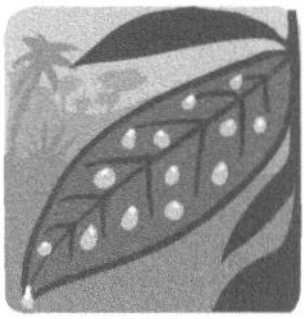

unyevu

ɓuuɓol

umeme

majaango

radi

gidango

dhoruba

hendu yaduungo e gidaali

mvua ya mawe

toɓo mawngo

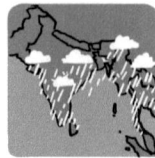

monsuni

keneeli mawɗi

mafuriko

toɓo yooloongo

barafu

galaas

Januari

Janwiye

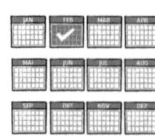

Februari

Feeviriye

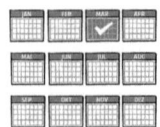

Machi

Mars

Aprili

Awril

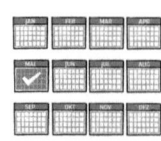

Mei

Me

Juni

Suwe

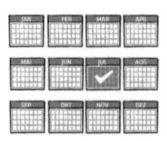

Julai

Suliye

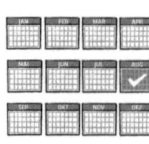

Agosti

Ut

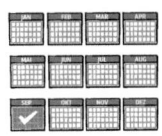

Septemba
....
Setanbar

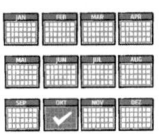

Oktoba
....
Oktobar

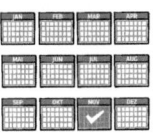

Novemba
....
Noowambar

Desemba
....
Desambar

maumbo
Mbaadi

mduara
....
taariɗum

mraba
....
bangeeji potɗi

mstatili
....
rektangal

pembetatu
....
tiriyangal

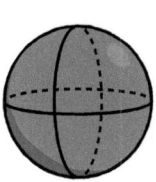

nyanja
....
esfeer

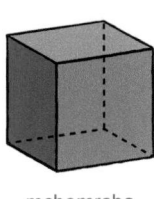

mchemraba
....
kib

nyeupe

deneejo

manjano

puro

chungwa

oraas

rangi ya waridi

roos

nyekundu

boɗeejo

hudhurungi

yolet

bluu

bulaajo

kijani

werte

hanja

baka

jivujivu

giri

nyeusi

ɓaleejo

mengi / kidogo

heewi / famɗi

hasira / pole

mittinɗo / deeyɗo

nzuri / mbaya

yooɗi / soofi

mwanzo / mwisho

fuɗɗorde / gasirde

kubwa / ndogo

mawni / famɗi

angavu / giza

leeri / ɗiɓɓiɗi

kaka / dada

mawniraaɗo gorko / debbo

safi / chafu

laaɓi / tulmi

kamilika / tokamilika

timmi / manki

siku / usiku

ñalawma / jamma

wafu / hai

mayi / wuuri

pana / nyembamba

yaaji / ɓitti

kulika / kutolika
ñaame / ñaametaake

ovu / ema
bonɗum / moỹỹi

sisimkwa / udhika
weelti / deeỹi

nene / nyembamba
ɓutto / cewɗo

kwanza / mwisho
gadiiɗo / cakkitiiɗo

rafiki / adui
sehil / gaño

jaa / tupu
heewi / ɓolɗi

ngumu / laini
tiiɗi / hoyi

nzito / nyepesi
teddi / hoyi

njaa / kiu
heege / ɗomka

mgonjwa / mwenye afya
sellaani / salli

haramu / kisheria
dagaaki / dagi

akili / kijinga
ỹoỹi / ỹiỹaani

kushoto / kulia
ñaamo / nano

karibu / mbali
ɓadi / woɗɗi

mpya / kutumika
....
keso / kiiɗɗo

kitu / jambo
....
haydara / huunde

zee / changa
....
nayeeji / suka

waka / zima
....
ne heen / ala heen

wazi / fungwa
....
udditi / uddi

utulivu / kelele
....
deeyi / dilla

tajiri / masikini
....
galo / baasɗo

sahihi / kosa
....
feewi / feewaani

mbaya / laini
....
tekki / ɗaati

huzunika / furahia
....
suni / weelti

fupi /ndefu
....
daɓɓo / jutɗo

polepole / haraka
....
leeli / yaawi

nyevu / kavu
....
leppi / yoori

joto / baridi
....
wuli / ɓuuɓi

vita / amani
....
hare / jam

0

sufuri

meere

1

moja

goo

2

mbili

ɗiɗi

3

tatu

tati

4

nne

nay

5

tano

joy

6

sita

jeegom

7

saba

seeɗiɗi

8

nane

jeetati

9

tisa

jeenay

10

kumi

sappo

11

kumi na moja

sappo e goo

12

kumi na mbili

sappo e ɗiɗi

13

kumi na tatu

sppo e tati

14

kumi na nne

sappo e nay

15

kumi na tano

sappo e joy

16

kumi na sita

sappo e jeegom

17

kumi na saba

sappo e jeeɗiɗi

18

kumi na nane

sappo e jeetati

19

kumi na tisa

sappo e jeenay

20

ishirini

noogas

100

mia

teemedere

1.000

elfu

ujunere

1.000.000

milioni

miliyonŋ

Kiingereza

Angale

Kiingereza cha Marekani

Angale Amerik

Kimandarini cha Uchina

Mandare Siin

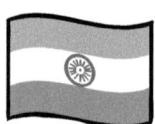

Kihindi

Indo

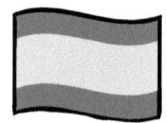

Kihispania

Español

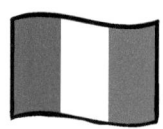

Kifaransa

Farayse

Kiarabu

Arab

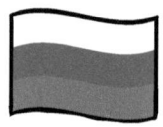

Kirusi

Riis

Kireno

Portige

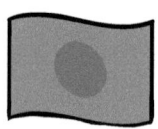

Kibengali

Bengali

Kijerumani

Alma

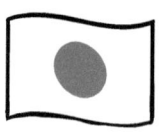

Kijapani

Sappone

mimi
miin

wewe
ann

yeye / yeye / ni
kanŋko / kanŋko / kañum

sisi
minen

wewe
onon

wao
kambe

nani?
holi oon?

nini?
hol ɗum?

jinsi gani?
hol no?

wapi?
hol toon?

lini?
mande?

jina
innde

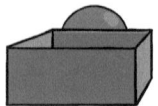

nyuma

caggal

katika

nder

mbele ya

yeeso

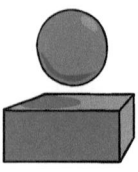

juu ya

hedde

kwenye

dow

chini ya

les

kando

sara

kati

hakkunde

mahali

nokku